Anna Mancini

TRUCCHI

PER RICORDARE

I SOGNI

Buenos Books International
www.buenosbooks.fr

ISBN: 978-2-36670-066-4

Buenos Books International, Parigi
www.buenosbooks.fr

INTRODUZIONE

Per tutti coloro che ancora non mi conoscono, mi presento brevemente prima di parlarvi dei mezzi che possono essere implementati per riattivare la vostra capacità di sognare e ricordare i vostri sogni.

Sono Anna Mancini, scrittrice, speaker e ricercatrice indipendente. Mi appassiona la comprensione del funzionamento del corpo, della mente e della vita umana. Da bambina sognavo già molto e osservavo con curiosità il fenomeno dei sogni, ma senza dargli tanta importanza poiché sono stata educata nelle scuole francesi dove i sogni non contano. Malgrado questo, le mie capacità oniriche si sono sviluppate a tal punto che ho finito per dedicarmi completamente allo studio dei sogni. Questo va ben oltre la narrativa dei sogni e include l'essere umano nella sua totalità, sia nelle sue relazioni con gli altri, sia nel suo ambiente e nella sua dimensione energetica.

Ho avuto la fortuna per gran parte della mia vita di poter beneficiare delle condizioni ideali per dedicare quasi tutto il mio tempo alla ricerca, alla scrittura e all'insegnamento in questo campo. Ho potuto lavorare in modo totalmente indipendente e dunque con originalità e guidata dai miei propri sogni. Un giorno, al mattino, mi è venuta l'idea che dovevo osservare i collegamenti tra i sogni e la realtà per capire cosa fosse realmente il sogno e per essere in grado di comprendere appieno il significato della maggior parte dei miei sogni. Questo modo di fare mi ha permesso di capire molte cose sui sogni, di svilupparmi personalmente e di insegnare una nuova arte di sognare che sia efficace e accessibile a tutti. Mentre facevo questo lavoro di osservazione, mi venivano in mente sia nello stato di veglia, sia nei sogni molteplice idee di sperimenti da realizzare.

Ho anche studiato quasi tutte le tradizioni e le pratiche dei sogni antichi e moderni. Grazie a questo lungo e meticoloso lavoro di ricerca ho potuto capire molte cose che mi permettono di aiutare la gente a vivere una vita più saggia, più piacevole, più utile e molto più magica. Questa ricerca mi ha permesso di sviluppare delle tecniche per comprendere precisamente il significato dei propri sogni, per imparare a comunicare meglio con il nostro subconscio, per imparare a vedere il nostro futuro nei sogni o per sviluppare delle facoltà considerate paranormali.

Ho anche imparato molte cose utili sul funzionamento del corpo umano al confine tra sogno e realtà, sul sonno, sui poteri del cervello umano e del subconscio che vive in noi e ci guida nel nostro destino da lui stesso organizzato (che noi lo vogliamo o no). Mi piace condividere le mie scoperte e lo faccio regolarmente in conferenze, workshop, interventi radiofonici e anche attraverso i miei libri.

È possibile fare molte cose attraverso i sogni. Ad esempio: ritrovare un oggetto perso; avere notizie di persone scomparse, lontane o in coma; vedere il futuro; essere avvisati prima che si verifichino dei disastri naturali o degli incidenti; comunicare con i bambini non ancora nati; gestire meglio la salute fisica ed energetica; essere guidati nella propria carriera; o nella ricerca dell'amore.

Contrariamente a quanto molti immaginano, non è difficile raggiungere questi risultati e tanti altri. Basta avere un po' di pazienza e fare un lavoro personale ogni mattina per annotare in un certo modo i vostri sogni e la vostra realtà. Ci vuole solo un anno per i meno talentosi. Con questo piccolo sforzo, sarete in grado di usare le semplici tecniche che insegno per comunicare efficacemente con il vostro subconscio. Quando avrete ripristinato la comunicazione con il vostro subconscio, avrete accesso a tutti i suoi tesori d'informazioni e di potenza. Sarete in grado di vivere una vita più facile, più armoniosa e più in sintonia con il vostro vero destino e la vostra vera personalità. Sarà come entrare in una grotta piena di tesori che vi sono sempre appartenuti, ma che avete sempre ignorato. La favola di Aladino e della meravigliosa lampada si riferisce all'antica conoscenza del sogno e della psiche. Vi invito a leggerla nella sua versione iniziale dai racconti de "Le mille e una notte". Le storie parlano al nostro subconscio e risvegliano in noi delle conoscenze nascoste.

Quando ho iniziato a insegnare al pubblico le mie scoperte, non pensavo che così tante persone sarebbero intervenute per segnalare che "non sognano", "non hanno mai sognato" o "ormai non sognano più da anni", "ricordano i loro sogni solo ogni tanto o quando fanno degli incubi". Sono loro che mi hanno fatto capire che i miei insegnamenti mancavano di informazioni per aiutare coloro che non sognano a sbloccare le loro capacità oniriche affinché anche loro potessero godere di tutti i benefici dei sogni.

Il mio approccio al fenomeno dei sogni non è né psicoanalitico né religioso. È necessariamente spirituale, perché non possiamo osservare i collegamenti tra i sogni e la realtà senza scoprire tutta la dimensione spirituale dell'essere umano ed esplorare il lato invisibile del mondo. Spirituale non significa religioso. Possiamo fare ricerca sulla mente umana in completa libertà e neutralità, semplicemente osservando ciò che accade all'incrocio tra sogno e realtà e come la mente e il corpo funzionano a quest'incrocio. Il nostro corpo fisico è un ponte naturale tra il mondo materiale e il mondo invisibile che ci circonda e grazie ai sogni diventa possibile comunicare meglio col corpo e dunque percepire meglio il mondo invisibile, i suoi abitanti e le sue energie. Questa è la ragione per cui da più di 25 anni studio il fenomeno onirico con una mente libera da pregiudizi, in un modo decisamente pragmatico. Per prima cosa ho osservato da sola, senza pregiudizi cosa succede quando sogno, quali sono i collegamenti tra i sogni e la realtà, come si comporta mio corpo al confine tra sogno e realtà, quanto incide l'ambiente materiale in cui dormo sul contenuto dei miei sogni. Poi, ho creato a Parigi *Innovative You*, un'associazione di ricerca sulla creatività onirica in cui ho potuto testare le mie scoperte con altre persone, principalmente ingegneri e inventori. Tutti i risultati che sono stato in grado di ottenere attraverso la mia ricerca possono essere verificati e riprodotti personalmente da tutti coloro che desiderano darsi la pena di fare gli esperimenti menzionati nei miei libri.

In questo libro scritto per le persone che non hanno mai avuto o che hanno perso la capacità di ricordare i sogni, spiego cosa blocca il ricordo dei sogni e come superare questi blocchi in modo naturale. Le persone che ricordano bene i propri sogni hanno un grande vantaggio sugli altri nella vita quotidiana, poiché hanno accesso a molte più informazioni e poiché possono, grazie ai sogni, svilupparsi personalmente in modo più veloce.

Vi parlerò dei vari modi per riattivare la capacità di ricordare i sogni e delle varie cause del blocco di questa abilità. Passerò da verifiche semplici e più concrete a cause più emotive e sottili. Spiegherò cosa può bloccare le abilità del sogno e come superare questi blocchi in modo naturale.

La maggior parte di voi troverà la soluzione al suo problema nel corso della lettura e usando la tecnica o le tecniche che più vi attraggono potrete ricominciare a sognare normalmente. Sarete quindi in grado di aprire la porta dei sogni, di intraprendere un emozionante viaggio nel vostro mondo interiore e capire meglio come funziona il vostro corpo fisico al confine tra sogno e realtà. Viaggiando nel vostro mondo interiore, esplorerete allo stesso tempo il mondo impercettibile ai nostri cinque sensi che raddoppia il nostro mondo reale e in cui tutti siamo immersi in modo permanente. Sarete in grado di prendere coscienza di aspetti della vostra esistenza ai quali non avete mai prestato attenzione, ma che potrebbero cambiare positivamente la vostra vita. Quando avrete sbloccato la vostra capacità di ricordare i sogni, avrete raggiunto il primo livello dell'arte di sognare. Il livello 'zero' è quello in cui si dorme normalmente ma non si ricordano i sogni. Ma c'è un livello sotto lo 'zero' che è quello in cui le persone soffrono di insonnia. (Ho anche scritto per loro un libro in cui condivido informazioni alle quali di solito non si pensa e che possono aiutare a ritrovare un buon sonno naturalmente e senza farmaci. Titolo del libro: "*Trucchi per dormire meglio e ritrovare un sonno da sogno*".

Quando ricorderete i vostri sogni, avrete raggiunto la prima fase della dell'arte di sognare. Al di sopra di questo primo livello, ci sono livelli sempre più alti e più interessanti. A seconda del livello raggiunto, una persona può viaggiare in certi mondi onirici, sperimentare la lucidità onirica, comunicare chiaramente nello stato di sogno con altre persone viventi, defunte, non ancora nate o in coma o con animali, visitare altre parti dell'universo, essere ispirati a fare invenzioni o opere letterarie o artistiche. Questi livelli di sogno variano a seconda del livello di energia dei sognatori, dello stato del loro corpo fisico, dei centri di interesse e del livello di coscienza della persona che sogna.

CAPITOLO 1: L'ABC per ricordare i sogni

Quando delle persone vengono da me perché dicono di non sognare, la prima cosa che faccio è chiedere loro quante ore a notte dormono, la seconda è a che ora mangiano e che cosa mangiano e la terza è come si alzano e cosa fanno quando iniziano la giornata. Bastono le risposte a queste tre domande e alcune misure molto semplici da implementare per sapere come riattivare la capacità onirica della maggior parte dei consultanti. Tutti noi senza eccezioni sogniamo, poiché il sogno è una funzione assolutamente necessaria per il mantenimento della vita. Nei laboratori scientifici alcuni soggetti privati della fase REM del loro sonno per un certo tempo sono andati incontro alla morte, dimostrando così che il sogno è indispensabile al mantenimento della vita. Dunque quando delle persone sostengono di non sognare, vuol dire semplicemente che dimenticano i loro sogni e per la maggior parte di loro sarebbe facile riattivare la loro capacità di ricordare i sogni usando i consigli che troveranno in questo libro.

1) È importante dormire abbastanza tempo per potere ricordare bene i sogni

Da bambina ero convinta che dormire fosse inutile. Mi sarebbe piaciuto non dormire o ridurre il mio sonno al minimo, ma non ci sono mai riuscita. Per fortuna, altrimenti mi sarei persa una "vita da sogno". Avrei vissuto come tutte le persone che dormono troppo poco per ricordare i loro sogni e che non possono approfittare di tutte le ulteriori informazioni che ci danno. È possibile recuperare fisicamente con sole quattro ore di sonno e insomma sentirsi in forma fisica quasi normale. Tuttavia, a mio parere, non ci ricarichiamo abbastanza per permettere un funzionamento ottimale del cervello del quale si ha bisogno per il ricordo dei sogni. Secondo gli studi fatti in laboratorio, se si dorme solo poche ore a notte, si ha solo un breve periodo REM. (Il periodo REM-Rapid Eye Movement è quello in cui osserviamo un rapido movimento degli occhi) che è il periodo in cui la scienza pensa che si sogni. Secondo gli scienziati sarebbe solo dopo otto ore di sonno che i periodi REM sarebbero i più lunghi, fino ad un'ora intera, e quindi ci metterebbero in condizioni molto migliori per sognare di più. Non ho verificato la spiegazione scientifica, dal momento che non ho un laboratorio a mia disposizione. Tuttavia, posso dire per esperienza che una cattiva ricarica di energia (che la notte di sonno sia breve o lunga) impedisce o rende estremamente difficile ricordare i propri sogni. Il corpo fisico può essere rigenerato dopo poche ore, ma la ricarica di energia sarà per lo più non ottimale. Si potrebbe paragonare questo, ad esempio, al fatto che, nonostante qualche imbarazzo, siamo in grado di muoverci, mangiare, vivere la nostra vita quotidiana quando passiamo una notte insonne. In tal caso, nonostante la notte insonne, tutto il nostro corpo funziona quasi normalmente con i suoi movimenti. È a livello della mente che è molto più faticoso. Abbiamo dei vuoti di memoria, non troviamo facilmente le parole giuste, abbiamo degli incidenti dovuti alla distrazione, commettiamo molto più facilmente tanti errori, ci stressiamo di più e abbiamo più facilmente paura o altre emozioni negative, ecc. Io non ho mai incontrato qualcuno che dormisse solo quattro ore a notte e che fosse in grado di raccontarmi un suo sogno. Naturalmente possono esserci delle eccezioni. Il fenomeno del sogno e del sonno è una vasta area e molte cose sono ancora da scoprire. Iniziare a ricordare i propri sogni è molto semplice per le persone che dormono troppo poco per ricordarli. Hanno solo bisogno di dormire più a lungo per vedere quasi sempre il ricordo dei loro sogni riapparire in modo naturale. A volte basta aggiungere solamente un'ora o due al loro consueto tempo di sonno. Allungando il loro tempo di sonno, la loro ricarica di energia si migliora, cosa che consente di riattivare le capacità del sogno che invece sono impossibili o molto difficili da manifestare quando tali soggetti dormono solo poche ore per notte.

Svegliarsi istantaneamente dopo alcune ore con un cervello attivo come nello stato di veglia e senza la solita transizione dal sogno alla veglia è "anormale". Ho spesso osservato questo tipo di risveglio in persone che dormono solo poche ore per notte. Questa situazione è causata da uno squilibrio nei meridiani di energia (i canali energetici del corpo nella medicina cinese). Spesso c'è un "vuoto di energia nella milza", a cui si può rimediare con alcune sedute da un buon agopuntore, ma questo è un problema di sonno piuttosto che di capacità onirica, argomento che discuto più dettagliatamente in un altro libro: *"Trucchi per dormire meglio e ritrovare un sonno da sogno"*.

Per ora, va ricordato che per sognare in modo chiaro e ricordare i sogni, bisogna dormire abbastanza tempo. Non dobbiamo accumulare una stanchezza dovuta a delle notti troppo brevi, o a un sonno disturbato da cause diverse poiché è molto più difficile ricordare i sogni quando siamo stanchi. Ci sono momenti nella nostra vita in cui è difficile dormire abbastanza e bene. Penso ad esempio ai genitori di neonati. Fortunatamente, ciò non dura tutta la vita. Oltre a queste impossibilità temporanee, mantenere un ottimo sonno dovrebbe essere la vostra priorità e vale la pena organizzarvi per poter dormire quanto necessario e avere di solito una qualità di sonno ottimale. Il tempo di sonno necessario per una buona ricarica di energia varia da persona a persona e secondo le stagioni. Non ha senso cercare di diminuire il vostro tempo di sonno pensando di potere così avere più tempo per fare più cose nel giorno, poiché non dormendo abbastanza sarete meno efficaci e finalmente perderete molto tempo. Sarete anche difficilmente in grado di godervi le intuizioni e le ispirazioni improvvise che possono farvi guadagnare molto tempo e facilitare tante cose.

Invece, organizzatevi per dormire in modo di potere alzarvi di buon umore e senza costringervi a lasciare a malincuore il vostro letto, così, sarete molto più efficienti e la vostra giornata sarà mille volte più piacevole e gioiosa. Il modo in cui dormite, il tempo che trascorrete nel sonno determinano in gran parte la qualità della vostra vita. Un sonno eccellente, oltre a permettervi di sognare chiaramente, porta salute, longevità, calma, buon umore, bell'aspetto, bella pelle e molti altri doni. Il sonno è prezioso. È un vero tesoro e tutto dovrebbe essere fatto per preservarlo. Se siete una delle persone che dormono troppo poco per ricordare i vostri sogni, ebbene dormite più a lungo. Siate consapevoli che dormire pochissimo tempo non è per niente una buona cosa, se per questo dovete sacrificare "la vostra vita da sogno" e affidarvi solo alle limitate abilità della vostra mente cosciente per guidarvi nell'esistenza.

Per riprogrammare le vostre abitudini di sonno, basta auto-programmarvi permettendovi di dormire più a lungo. Come fate a farlo facilmente? Quando siete sdraiati nel vostro letto nel momento in cui state per addormentarvi, pensate in modo distaccato (come in un sogno ad occhi aperti che si fa in un treno quando si guarda il paesaggio) al fatto che vi autorizzate a dormire più a lungo e fino all'ora che avete scelto. Se si fa questo al momento giusto, questa tecnica molto semplice istruirà il vostro subconscio per riprogrammare i vostri schemi di sonno. A volte per alcune persone funziona la prima volta. Altri, tuttavia, devono ripeterlo più volte. Questa è una semplice ma efficiente tecnica di autoipnosi che si può utilizzare per molteplici scopi. Potete cambiarla a vostro gusto ad esempio immaginando di svegliarvi al mattino guardando la sveglia che segna un'ora più tardi della vostra solita ora, o immaginando di svegliarvi in ottima forma. Elaborate voi il contenuto del vostro pensiero a questo riguardo, ma attuate sempre la tecnica nel momento giusto, cioè nel momento in cui state cadendo nel sonno.

Per aiutarvi a dormire più a lungo potete anche chiedere aiuto a un ipnotizzatore o andare da un agopuntore. Inoltre, consultare un osteopata per verificare che tutto sia a posto nella colonna vertebrale può anche contribuire notevolmente ad ottenere un sonno più lungo. Il blocco delle vertebre cervicali e in particolare dell'atlante (la prima vertebra cervicale) può avere un'influenza significativa sulla quantità e sulla qualità del sonno. Essere in grado di vivere dormendo solo poche ore a notte è spesso considerato un'impresa nella nostra società occidentale, che dà così poca importanza alla vera vitalità e non tiene conto dell'aspetto energetico del corpo umano. Talvolta basta accorgersi che non è davvero vantaggioso vivere senza sognare, al punto da rimettersi a dormire abbastanza e senza nemmeno usare l'autoipnosi. Per concludere su questo tema, sconsiglio assolutamente di prendere sonniferi per dormire più a lungo, per la buona ragione che, oltre ai loro effetti collaterali, hanno un effetto disastroso sulla capacità di sognare. Sarà molto più vantaggioso utilizzare piante rilassanti come la lavanda, la camomilla, la valeriana, ecc.

La mancanza di sonno è davvero la causa più comune di dimenticanza dei sogni, ma ci sono anche delle persone che dormono a lungo e che non ricordano o che ricordano molto poco i loro sogni. In questo caso, chiedo a queste persone:

2) A che ora cenate? Cosa mangiate di solito a cena? E quanto tempo dopo cena andate a dormire?

La vita moderna fa sì che molte persone che lavorano lontano da casa non abbiano il tempo o i mezzi per pranzare correttamente. Di conseguenza, sono molto affamati di sera quando tornano a casa dopo una lunga giornata di lavoro alla quale si aggiungono i tempi di percorrenza lavoro-casa e mangiano troppo a cena poiché è il loro pasto principale. È bello fare ogni tanto una piacevole cena in famiglia o con gli amici, ma farlo ogni sera è sconsigliato per molte ragioni. Fare un pasto abbondante la sera poco prima di andare a dormire fa male alla salute, alla linea, ai sogni, alla vita. La saggezza popolare raccomandava di mangiare come un re al mattino, come un principe a mezzogiorno, come un povero la sera. Dunque, la cena dovrebbe essere molto leggera o, se ciò non è possibile si dovrebbe cenare almeno quattro o cinque ore prima di andare a dormire. L'ideale sarebbe di pranzare abbastanza per potere saltare completamente la cena. In questi tre casi, il sonno sarà più riparatore e sarà molto più facile di ricordare i sogni. Invece le persone che hanno l'abitudine di cenare copiosamente e poi di addormentarsi subito dopo davanti alla televisione o dopo aver letto qualche pagina o anche poche righe di un libro, si svegliano il più delle volte senza ricordi onirici. Purtroppo, le rare volte in cui ricordano un sogno si tratta di un incubo provocato principalmente da una cattiva digestione. Dunque se non sognate a causa delle vostre cene, sarà molto semplice riattivare le vostre abilità oniriche. Tutto quello che dovrete fare è modificare gradualmente i vostri orari dei pasti e la consistenza della vostra cena.

Sarebbe meglio organizzarvi per poter mangiare abbastanza a colazione e a pranzo, in modo da non avere molta fame a cena. Se lo potete attuare, provate a saltare la cena, vedrete immediatamente la differenza nella quantità e nella chiarezza dei vostri sogni. Vi permetterà anche di dormire meglio e di evitare la maggior parte degli incubi digestivi.

A volte, quando cenare copiosamente è un'abitudine di vita, le persone hanno da anni una grossa pancia tutta piena di gas e di feci stagnanti lì; una pancia in questo stato rende molto difficile il ricordo dei sogni. Disturbando la circolazione del sangue, provoca incubi dovuti alla sofferenza del corpo fisico. Vi consiglio di leggere il libretto di Laure Goldbright: *"Testimonianza sui benefici dell'igiene intestinale"*. Troverete in questo libro tutte le informazioni necessarie per ovviare a questo problema. Vorrei aggiungere che oggigiorno è importante fornire un budget sostanziale per acquistare cibo di qualità, il più naturale e il più vivo possibile. Se mangiate solo cibo morto, grasso, in scatola, surgelato, pieno di pesticidi, il più economico possibile, potrete sempre sopravvivere poiché il corpo umano è incredibilmente resistente alle pessime condizioni di vita fortunatamente per noi! Sopravvivrete in questo modo, ma avrete un livello di energia vitale che non vi permetterà di raggiungere un certo livello di utilizzo del vostro cervello e della vostra coscienza sia nei sogni che nella realtà. Avvertirete costantemente mancanza d'energia, non tollererete la solitudine e vorrete sempre dei dolcetti o tutti i tipi di eccitanti (caffè, tè, alcool...) perché il vostro corpo e la vostra anima saranno in mancanza di cibo vero. Risparmiare sul budget del cibo, proprio come risparmiare sul tempo di dormire, non è davvero una buona idea. Queste sono due scelte estremamente sfortunate che "riducono il livello di vita", la "durata della vita" e rendono molto difficile "avere una vita da sogno". La buona notizia è che non è mai troppo tardi per cambiare e acquisire buone abitudini in questi due ambiti della vita.

Nel punto in cui siamo arrivati, abbiamo visto che dormendo più a lungo o cambiando l'ora di cena e /o la sua composizione, la capacità di ricordare i sogni è rapidamente ripristinata per il più grande bene delle persone. Svegliarsi ricordando i propri sogni è anche un segno che si ha un buon sonno e che si è in buona salute. Tuttavia, ci sono anche casi in cui una grande abbondanza di un certo tipo di sogni è il segno di uno squilibrio energetico, di un eccesso di sonno o in certi casi di un di transito intestinale rallentato da molto tempo.

Quando una persona che viene a consultarmi mi dice che dorme abbastanza a lungo e va a letto con uno stomaco leggero e posso constatare che non ha lo stomaco gonfio, ma non riesce comunque a ricordare i suoi sogni, pongo questa terza domanda.

3) Come si sveglia?

Non abbiamo solo un cervello nella testa. La scienza moderna ha scoperto che ne abbiamo un altro nella pancia. Esso avrebbe duecento milioni di neuroni e interagirebbe con quello che consideriamo il nostro cervello più importante, quello della testa. Non è difficile osservare, essendo attenti a se stessi, che quando ci svegliamo la mattina l'energia del sogno non si trova nel primo cervello, ma altrove, nella pancia e si diffonde anche per tutto il corpo. Il cervello della testa, proprio come tutto il corpo, si sveglia gradualmente e nessuno di loro dovrebbe essere affrettato. Quando vi svegliate, normalmente il primo cervello non è attivo, cioè non è emissivo. È in uno stato di ricettività, una ricettività che conduce facilmente al ricordo dei sogni. Una volta che il cervello diventa emissivo, allora è molto più difficile ricordare i sogni. Il cervello diventa emissivo quando ci proiettiamo nella vita reale, ad esempio pensando alle cose cha abbiamo da fare durante il giorno, parlando con qualcuno o ascoltando le notizie alla radio o alla televisione, leggendo i nostri messaggi di posta elettronica.

Per ricordare in modo efficace i sogni, bisogna svegliarsi lentamente, sedersi nel letto per sentire l'energia e i ricordi dei sogni che fluiscono gradualmente alla coscienza. In questa fase è consigliabile rimanere in uno stato rilassato, ricettivo e meditativo che si avvicina al torpore che precede l'addormentarsi. È questo stato che servirà da ponte ai vostri sogni per passare più facilmente e con chiarezza alla coscienza. Molte persone che sono abituate a ricordare i loro sogni lo fanno in modo naturale senza analizzare cosa succede quando ricordano i loro sogni. Certo, se vi svegliate con l'allarme di una sveglia, o ancora peggio, nell'agitazione cerebrale causata dal ricordo delle vostre preoccupazioni quotidiane, non sperate di ricordare i vostri sogni in modo efficace. Nel migliore dei casi, ricorderete solo alcuni frammenti di sogni o alcuni incubi. In ogni caso, ci possono sempre essere delle eccezioni poiché a volte il subconscio può avere messaggi così forti e così importanti da trasmettere alla coscienza che, nonostante le circostanze più sfavorevoli, alcuni sogni riescono a raggiungere la coscienza. Un brusco e agitato risveglio, oltre a farvi perdere le vostre capacità oniriche, fa male al vostro cervello e al vostro corpo. Se dovete usare una sveglia, organizzatevi per andare a dormire in modo da potervi svegliare naturalmente pochi minuti prima dell'ora in cui suona la sveglia. Questi pochi minuti saranno preziosi per ricordare i vostri sogni. Allo stesso tempo saranno una benedizione per la buona salute del vostro cervello e per il vostro equilibrio nervoso. Se vi svegliate e vi alzate con calma e in pace, sarete più rilassati ed efficienti durante il giorno. Alcune persone consigliano di svegliarsi in piena fase REM con l'aiuto di una sveglia per ricordare i sogni. Questo è un metodo che non consiglio, da un lato, perché può creare disturbi del sonno; dal altro perché è possibile ricordare i sogni senza maltrattare il corpo. È importante rispettare il nostro corpo e i suoi cicli di sonno. Quanto più il corpo viene trattato bene, tanto più coopererà per aiutarvi nell'arte di sognare.

I sogni, come avrete capito, non sono solo un fenomeno della mente. È l'intera persona umana che sogna e il corpo svolge un ruolo importante nel processo onirico. Il vostro corpo è davvero un ponte tra il mondo visibile e il mondo invisibile che vi circonda. L'ideale sarebbe essere in grado di dedicare al risveglio ogni mattina un po' di tempo al silenzio meditativo per annotare i vostri sogni. Quel tempo è un investimento che sarà molto proficuo. Inutile di dire che computer, tablet e telefoni devono rimanere sempre spenti quando si dorme e quando ci si sveglia. Li userete solo in seguito alla breve meditazione onirica, momento in cui possono ulteriormente completare il vostro lavoro di esplorazione dei sogni. Mi capita spesso quando apro la mia corrispondenza che alcuni dei sogni che ho appena annotato sono sogni premonitori. È come se avessi ricevuto la mail prima nel sogno e poi nella realtà. La lettura delle mie mail che di solito faccio al mattino dopo la meditazione onirica, mi fa anche ricordare molto spesso altri sogni che avevo dimenticato. Ho anche provato una tecnica menzionata da altri autori, che consiste nel rimanere a letto e girarsi da una parte e poi dall'altra per ricordare i sogni.

Ho scoperto che è meno efficace di sedersi a letto. Inoltre, rimanendo sdraiati, rischiamo di riaddormentarci e di svegliarci stanchi per il troppo sonno. Dormire troppo è tanto esiziale per la salute quanto non dormire abbastanza.

In questa fase della presentazione, abbiamo visto che per essere in grado di ricordare i sogni è necessario dormire a sufficienza, mantenersi leggeri a cena o cenare molto tempo prima di andare a dormire, e svegliarsi tranquillamente. Se anche seguendo questi suggerimenti, non ricordate i vostri sogni, allora provate queste spintarelle.

CAPITOLO 2: Spintarelle per ricordare meglio i vostri sogni

Non sogniamo sempre con la stessa intensità, con la stessa chiarezza e allo stesso modo. Succede persino che i "sognatori professionisti" si sveglino qualche mattina senza ricordare i loro sogni. Siccome è molto strano per loro non ricordare quello che hanno fatto durante tutte queste ore trascorse a letto, usano delle tecniche per cercare di far risorgere i loro sogni. Anche voi potete fare come loro usando le seguente tecniche che elenco in categorie nella parte "spintarelle personali». Questa categoria non richiede aiuto esterno, potete farlo in tutta autonomia.

1) Spintarelle personali per far emergere dei sogni, delle immagini o dei frammenti di sogni

Vi siete svegliati lentamente e in silenzio dopo una buona notte di sonno e tuttavia non ricordate

nessun sogno. Non scoraggiatevi. Provate quanto
segue:

*a) Sentite il progressivo risveglio del
vostro corpo, lo stato mentale in cui vi
siete risvegliato, lasciate affluire le vostre
emozioni alla coscienza.*

Se non riuscite a ricordare i vostri sogni appena
svegliati, mettetevi in contatto con il vostro corpo.
Questo riporterà ricordi di sogni, immagini,
emozioni o frammenti di sogni. Cercate di sentire
ogni parte del vostro corpo e di diventare
consapevoli del suo graduale risveglio. Osservate
anche il vostro stato psichico. Come vi sentite?
Siete felici di iniziare un nuovo giorno? Siete di
malumore? O vi sentite stanchi e depressi, senza
grinta per la vostra vita? Anche se vi sembrano
sgradevoli, fate in modo che questi sentimenti ed
emozioni tornino alla vostra coscienza e
osservateli senza giudicare. Scrivete tutto ciò in
un taccuino. Quando scrivete, fatelo
tranquillamente formando ben lentamente e con
calma tutte le lettere. Mentre scrivete in modo

rilassato e senza fretta, altri frammenti di sogni e spesso sogni interi, chiari e precisi che rimarrete sorpresi di aver dimenticato, saliranno alla superficie della vostra coscienza.

b) Se con la a), non ottenete alcun risultato

Di nuovo, non scoraggiatevi, piuttosto scrivete sul vostro taccuino ciò che avete fatto il giorno prima. Per fare ciò cercate di ricordare il vostro giorno precedente iniziando dalla sera e terminando al mattino. Potete anche fare questo esercizio la sera prima di andare a dormire, ciò sarà un allenamento per migliorare la memoria in generale. Se fate questo esercizio al mattino, vi torneranno in mente dei frammenti di sogni, delle informazioni, delle intuizioni e delle emozioni. Siccome il sognatore è la stessa persona di colui che vive la sua realtà, i suoi sogni e la sua realtà sono collegati, cioè c'è una continuità tra i sogni e la realtà di una stessa persona. Purtroppo troppe poche persone nel mondo occidentale sono sufficientemente ricaricate energicamente per poter sentire pienamente questo continuum della vita umana, dal sogno alla realtà e viceversa e imparare a farne un uso migliore e utile. Dopo avere annotato la realtà del giorno prima, camminate un po'nella stanza, aprite le finestre e respirate. Iniziate il vostro nuovo giorno con la determinazione di essere coscienti di ciò che vivrete questo giorno. Ciò significa che farete molte cose essendo consapevoli di ciò che state facendo. In questo modo potrete osservare che essere consapevoli di tutto ciò che si fa non è così facile poiché molti di noi hanno preso l'abitudine di vivere in modo distratto senza prestare attenzione a quello che stiamo facendo, senza guardare le persone che incontriamo, senza ascoltare i rumori del nostro ambiente, senza sentirne gli odori. Pertanto, se siamo così inconsapevoli di giorno quando si è perfettamente svegli, sarà ancora più difficile esserlo nel sogno e ricordare bene i sogni. L'allenamento per l'acquisizione di consapevolezza nella vita reale si rifletterà automaticamente sulla memoria dei sogni che sarà migliorata.

c) Attività creative

Al risveglio potete fare delle attività creative rilassanti poiché è anche un ottimo modo per chi non riesce a ricordare i sogni per fare riaffluire alla coscienza dei frammenti di sogni, dei sogni completi, delle immagini, delle intuizioni. Queste stesse attività creative svolte durante il giorno possono anche produrre questi risultati. Il tipo di attività creativa non ha importanza, l'essenziale è farlo in modo rilassato, lasciando il vostro cervello razionale il più possibile da parte e divertendovi come i bambini. Ecco alcuni esempi di attività creative che funzionano bene: inventare una storia, disegnare o scarabocchiare, organizzare in modo casuale piccoli ciottoli di diversi colori e forme, scegliere delle carte da un gioco e posizionarle di fronte a voi in un modo che vi piace, o andare a mettere oggetti o piccole pietre in luoghi della vostra casa dove vi piace metterli in quel momento. Se vi piace leggere e se avete una biblioteca, scegliete un libro. Apritelo a caso, con gli occhi chiusi, mettete l'indice da qualche parte su una pagina, poi aprite gli occhi e leggete ciò che è sotto il vostro dito. Facendo questo, spesso incontriamo qualcosa relativo ai nostri sogni e questo ha l'effetto di farli salire alla coscienza. Provate a vedere cosa funziona meglio per voi. Le attività creative o ludiche ci mettono molto facilmente in contatto con il nostro subconscio e fanno emergere immagini, emozioni, frammenti di sogni, persino sogni interi chiari e precisi.

d) Pensate ai vostri progetti, alle persone che conoscete

Se le tecniche menzionate sopra non hanno funzionato per voi, provate questo. Ripassate nella vostra mente, in un modo ricettivo, calmo e rilassato (come quando si è in un treno guardando scorrere il paesaggio) i volti delle persone che conoscete. Pensate anche allo stesso modo alle vostre attività, ai vostri progetti, ecc. Questo può innescare il ricordo di certi sogni per la buona ragione che come ho detto sopra, i sogni e la realtà sono collegati e anche perché il vostro subconscio prepara la vostra vita di veglia e vi proietta nel vostro futuro. Capita spesso che durante il giorno un'attività, un gesto, un incontro, un manifesto, una telefonata, un odore facciano ritornare alla memoria un sogno chiaro e preciso di cui, tuttavia, al mattino non sembrava rimanere nessuna traccia. Le strane impressioni di *deja vu*, (già vissuto), provengono dal fatto che abbiamo già visto alcuni luoghi o vissuto alcune situazioni in sogno, ma che al risveglio abbiamo dimenticato una parte o per intero i nostri sogni.

Se osservate efficacemente i collegamenti tra i vostri sogni e la vostra realtà per un lungo periodo di tempo, sarete in grado di vedere che tutto ciò che viviamo nella vita reale è stato prima programmato dal subconscio nell'energia del sogno. Gli eventi della vostra realtà sono programmati nel sogno, in generale durante la notte per il giorno successivo, ma anche a volte alcuni giorni, settimane o anni prima. In realtà, tutto accade come se vivessimo la nostra vita a testa in giù. In realtà, non è la mente cosciente a guidare la barca della nostra esistenza, ma le nostre forze subconsce, piaccia o no. È quindi meglio sintonizzarsi con le nostre forze subconsce per avere una vita più armoniosa e più piacevole. Ciò permette allo stesso tempo di evitare le scelte sbagliate che fa la nostra limitata mente razionale. Prestando ogni mattina attenzione ai vostri sogni, vi metterete a poco a poco in sintonia e in comunicazione attiva con il vostro subconscio. Tuttavia, non dobbiamo eliminare il nostro ego e la nostra mente razionale poiché essi sono anche coinvolti nell'arte di sognare. Abbiamo solo bisogno di imparare come usarli meglio e farli cooperare con il subconscio.

Per ricordare bene i sogni, il cervello deve essere abbastanza usato anche nella vita diurna.

e) Risvegliate i cervelli pigri

Se durante il giorno non fate funzionare abbastanza il vostro cervello, esso tenderà anche a essere pigro mentre dormite. Se avete problemi per ricordare i vostri sogni, fate lavorare un po' di più il vostro cervello durante il giorno e soprattutto di sera prima di andare a dormire. Per fare ciò potete scrivere qualcosa, risolvere problemi, inventare soluzioni, immaginare delle conclusioni alternative a una storia che avete letto. Durante il giorno (ma non di notte, poiché questo può causare insonnia), leggete storie divertenti e ridete. Se siete fuori da scuola da molto tempo, tornate ad imparare qualcosa, ad esempio una lingua straniera o iniziate un'attività artistica. Dovremmo continuare a imparare per tutta la vita per mantenere il nostro cervello attivo, dinamico e vivo, altrimenti il cervello diventa pigro, come lo diventa anche il nostro corpo quando non ci muoviamo abbastanza. Anche gli occhi diventano pigri a modo loro, e una delle conseguenze di ciò è lo spasmo dei muscoli oculari che, attraverso un effetto di traino, si diffonde per tutto il corpo. Per tale motivo le tecniche di rilassamento degli occhi sono molto utili non solo per migliorare la vista, ma anche per imparare l'arte di sognare.

f) Usare le tecniche di rilassamento degli occhi per sognare meglio

Gli occhi giocano un ruolo importante nel processo onirico e nell'accesso al subconscio. La scienza non sa esattamente perché, ma nei laboratori scientifici è stato scoperto che durante la fase REM del sonno gli occhi si muovono molto rapidamente. REM è sinonimo di Rapid Eye Movement (movimenti veloci degli occhi). Non sono andata a verificare ciò in un laboratorio, ma un giorno ho visto un cane dormire ad occhi aperti durante una sua fase REM e ho potuto osservare questo fenomeno che mi è sembrato davvero stranissimo poiché era scomparso lo sguardo abituale del cane.

Usando delle tecniche di rilassamento oculare per migliorare la mia vista ho anche osservato gli effetti positivi di queste tecniche sulla qualità del sonno e sul ricordo dei sogni. Ciò succede semplicemente perché quando gli occhi sono rilassati, tutto il corpo si rilassa e si dorme meglio quando si va a letto in uno stato rilassato. Quando siamo rilassati, sogniamo meglio e abbiamo anche più opportunità di ricordare i nostri sogni.

Ecco tre semplici tecniche di rilassamento degli occhi molto efficaci. Potete usarle entrambi la sera poco prima di andare a letto e completarli al momento di addormentarvi con la tecnica dell'auto-ipnosi che ho menzionato prima. Potete anche praticarle durante il giorno.

Queste tre tecniche di rilassamento degli occhi sono:

-guardare tutti i dettagli di un'immagine,
- il palming,
- dondolarsi a destra e a sinistra.

Vi invito a leggere un libro entusiasmante sulla guarigione dei problemi di vista scritto dal Dr. William H. Bates (1860-1931), un oculista di New York, e intitolato: *"Una vista perfetta senza occhiali, la cura delle imperfezioni."* Ci sono molte edizioni di questo libro, molte delle quali sono state abbreviate. Vi consiglio di consultare una versione integrale (circa 400 pagine) perché in quelle che hanno meno di 200 pagine, sfortunatamente manca l'essenziale.

Guardate i dettagli di un'immagine: questo è molto facile da fare. Prendete una foto o un'immagine che vi piace e che contiene molti dettagli. Per esempio, a volte faccio questo esercizio io stessa per rilassarmi durante il giorno, con un quadro che rappresenta tre delfini saltando fuori dall'acqua e che ho comprato durante un soggiorno a Creta. Mi ricorda le vacanze e la gentile persona che l'ha dipinto. Osservo tranquillamente una parte molto piccola del dipinto, ad esempio, ogni dente del delfino che ha la bocca aperta. Il mio sguardo passa tranquillamente su ogni dettaglio del dipinto. Lo faccio nascondendo l'occhio destro o sinistro con la mano, poi faccio lo stesso con l'altro occhio. Dopo rincomincio con entrambi gli occhi. Questo porta il rilassamento degli occhi e con il suo effetto traino rilassa anche tutto il corpo.

Il palming: è un esercizio di rilassamento degli occhi che è molto efficace per rilassare anche tutto il corpo. Per farlo, lavatevi le mani. Sfregatele per sentire arrivare il calore nei palmi, poi incrociatele e coprite gli occhi con le mani senza premere, ma in modo da nascondere la luce. Una volta posizionate le mani, rilassatevi e immaginate nel modo più passivo e distaccato possibile un oggetto nero, il più nero possibile o un punto nero. Fate questo esercizio la sera prima di andare a dormire e completatelo con la tecnica dell'auto-ipnosi spiegata sopra per suggerirvi di ricordare i vostri sogni. (Potete farlo anche con un altro colore, funziona lo stesso poiché concentrarsi su un punto rilassa).

Il dondolamento: le oscillazioni del corpo a destra e a sinistra lasciando che gli occhi si muovano naturalmente a causa del movimento e senza sforzo, rilasseranno i vostri occhi e allo stesso tempo tutto il corpo. Completate questo esercizio con la tecnica dell'auto-ipnosi spiegata sopra, poco prima di addormentarvi. (Evitate di farlo subito prima di andare a dormire, è meglio farlo durante il giorno.) In generale, tutti gli esercizi che potete fare per rilassare i vostri occhi avranno anche l'effetto di rilassare tutto il corpo e di migliorare il vostro sonno e dunque il ricordo dei sogni. Ma certo, ciò migliorerà anche la vista e molte persone si sono liberate dei loro occhiali applicando i metodi del dottor Bates.

A questo punto, se ancora non riuscite a ricordare i vostri sogni, provate gli aiuti materiali che seguono.

2) Gli aiuti materiali per ricordare i sogni: gli effetti del quarzo sui sogni.

In un momento della mia vita, mentre avevo già fatto un sacco di lavoro personale sui sogni, ho iniziato a fare molti sogni in cui vedevo dei cristalli, in particolare dei quarzi e gemme molto belli. Erano sogni molto piacevoli che mi diedero voglia di andare nei negozi dove vendono dei minerali. Ero a Parigi, dove ci sono diversi negozi di minerali. (Ad esempio: Minerales do Brasil presso la stazione della metropolitana Miromesnil, I Minerali nel carosello del Louvre, vicino alla stazione della metropolitana Palais Royal). Lì, ho comprato alcune pietre e dei libri sulle proprietà delle pietre. Ho letto i libri e ho voluto provare le proprietà delle pietre tramite i sogni. Per questo, mi è bastato metterli (uno alla volta) sotto il mio cuscino e dormire normalmente. Nello stato di sogno, le mie percezioni sono molto più estese di quando sono sveglia e posso sentire l'effetto delle pietre sul mio corpo e sulla mia psiche. (Potete anche voi imparare a fare lo stesso, non è difficile). Con alcune pietre, ho sentito effetti coerenti o meno con ciò che dicono nei libri sulle proprietà delle pietre. Con altre pietre, non ho sentito alcun effetto né nei sogni né nella realtà. Di tutte le pietre che ho provato è il quarzo che ha avuto l'effetto più spettacolare e interessante sui sogni.

In effetti, ho osservato che il quarzo ha la proprietà di amplificare il pensiero e la memoria dei sogni. Rende possibile fare più sogni, fare dei sogni più chiari e ricordarli molto meglio. Anche voi potete provare questo cristallo. Per questo, andate in un negozio di minerali e scegliete una bella punta di quarzo la più trasparente possibile. Scegliete in modo intuitivo il cristallo che più vi attrae. Prima di usarlo, passatelo sott'acqua per pulirlo da tutte le influenze che ha accumulato prima di raggiungervi. (Oggetti e luoghi assorbono i pensieri e le emozioni). Dopo aver fatto ciò mettete il cristallo sotto il cuscino e dormite normalmente. Verificherete l'efficacia del quarzo, ma per ciò dovete trovare il cristallo che fa per voi. La sua dimensione non è ciò che conta di più. Ecco una fotografia di un quarzo molto efficace che uso da anni e che ho acquistato sulle banchine del fiume Hudson a New York. Foto

Ne avevo comprato uno molto più grande a Parigi, pensando che sarebbe stato ancora più efficace, ma non è così efficace come quello che ho comprato a New York. Ecco una fotografia del mio quarzo acquisito a Parigi. Accanto, c'è una statuetta che è una riproduzione di un originale ritrovato dagli archeologi nei resti dei templi di Malta. Questi templi sono stati costruiti più di 6000 anni fa e si pensa che queste statuette di donne addormentate si riferiscano alla pratica spirituale dell'arte di sognare. Se potessi andare a dormire in uno di questi templi o mettere sotto il mio cuscino un oggetto appena scoperto in questo tipo di luoghi, potrei saperne di più.

Il quarzo si può anche usare mettendolo in una bottiglia di vetro riempita d'acqua che lascerete qualche ora al sole. Basta bere un po' di quest'acqua prima di andare a dormire per osservare che i vostri sogni sono molto più luminosi e che vi risulta molto più facile ricordarli. Naturalmente, dovete essere onesti e coerenti con voi stessi. Se andate a letto subito dopo aver mangiato come un orco, non sperate che il cristallo, da solo, come per magia, vi permetta di fare dei sogni chiari. Questo vale anche per gli altri mezzi che ora presenterò.

L'Olio essenziale di *salvia sclarea*: qualche goccia di olio essenziale di *salvia sclarea* su un pezzo di cotone che verrà messo in una tazza d'acqua calda vicino al letto vi aiuterà a ricordare i vostri sogni. (Potete anche usare un diffusore). La *salvia sclarea* ha un effetto leggermente ipnotico. Non dovrebbe essere usata se siete stressati, perché in questo caso può causare insonnia. Non dovrebbe neanche essere usata se il suo odore non vi piace. Ci sono altri oli essenziali rilassanti, come la lavanda, l'olio essenziale di mandarino, l'olio di arancia amara o l'olio di gelsomino che potete usare nella vostra stanza per aiutarvi a rilassarvi e per sognare meglio. Più siamo rilassati, più è facile sognare e ricordare i sogni.

Per aumentare il vostro livello di rilassamento, di sera, non esitate a bere (in piccole quantità per evitare di dovere alzarvi per andare al bagno durante la notte) una tisana rilassante a vostra scelta. Scegliete delle tisane di ottima qualità, organiche e sfuse invece delle bustine. Io apprezzo particolarmente la lavanda che mi aiuta ad avere un sonno molto tranquillo. Certo, usate un'acqua più pura possibile per fare la tisana, quella con pochissimi minerali. Potete anche distillare l'acqua del rubinetto per ottenere facilmente un'acqua molto pura. (Digitare "Distillatore d'acqua" in un motore di ricerca per ottenere informazioni sulla distillazione di acqua ed i distillatori disponibili sul mercato.) Quando mi sento molto stressata, prendo del magnesio poiché quando siamo stressati abbiamo carenza di magnesio e quindi è un circolo vizioso. Ho scoperto un magnesio che supera in efficacia tutto ciò che esiste sul mercato e che viene chiamato "olio di magnesio".

L'Olio di magnesio, una fonte ottima di magnesio:

Ho trovato questo prodotto facendo delle ricerche su Internet. Un giorno, ero molto stressata al ritorno da un viaggio che era andato male e ebbe l'idea di digitare su Google: "Di quali minerali siamo carenti quando siamo stressati?" Da una cosa all'altra, sono arrivata su un sito che vendeva questo "olio di magnesio". Quando ho letto gli articoli che pubblicizzavano gli innumerevoli vantaggi di questo prodotto, mi è sembrato troppo bello per essere vero e ho pensato che fosse una truffa. Il mio intuito, tuttavia, mi diceva di provarlo e l'ho ascoltato come al solito. Poi questo prodotto costava poco e provarlo non comportava un grosso rischio. Finalmente ho trovato il prodotto in un negozio vicino a casa mia, ma si può anche comprare facilmente online. "L'olio di magnesio" è un rimedio naturale che riempie efficacemente la carenza di magnesio che tutti noi soffriamo quando siamo in uno stato di stress. L'olio di magnesio in realtà non è olio, ma un liquido bianco traslucido un po'viscoso. È acqua di mare mescolata con acqua minerale. Proviene da un mare fossile scoperto alcuni anni fa in Olanda. Quest'acqua di mare contiene magnesio naturale di eccellente qualità. Basta metterne ogni giorno un po' sulla pelle per sentirne molto rapidamente i benefici. La pelle assorbe il magnesio molto meglio del sistema digestivo. Da parte mia, prima di conoscere l'olio di magnesio ormai che uso regolarmente, non ero in grado di prendere del magnesio senza che il mio sistema digestivo fosse completamente disturbato. L'unico magnesio che potevo sopportare era quello omeopatico. L'olio di magnesio è un prodotto eccellente che raccomando fortemente. Aiuta a rilassare e anche ad alleviare i dolori muscolari e le tendiniti dovute allo stress.

Lo stress è uno dei più grandi nemici del sonno e dei sogni. Fortunatamente, ci sono molti modi a nostra disposizione per aiutarci a rilassarci: yoga, agopuntura, meditazione, passeggiate nella natura, sport, lettura o tecniche di rilassamento degli occhi menzionate sopra. Scegliete ciò che è più efficace per voi.

Prendere l'abitudine di annotare i vostri sogni al mattino vi aiuterà anche ad essere molto più rilassati durante tutto il giorno. Cercate di andare a dormire già rilassati e prima di addormentarvi decidete che dormirete benissimo, che sognerete bene e ricorderete i vostri sogni. Potete usare la tecnica molto conosciuta del bicchiere d'acqua. Per fare ciò basta riempire un bicchiere d'acqua, berne la metà e poi lasciarlo sul comodino dichiarando ad alta voce che il mattino dopo, quando berrete l'altra metà, ricorderete i vostri sogni. Questo è un esempio di autosuggestione, spetta a voi immaginare l'autosuggestione che sarà più efficace per la vostra mente.

Se tutto ciò che è stato menzionato sopra non ha funzionato ancora per voi, allora è il momento di chiedere aiuto ai vostri cari per provare una delle "spintarelle esterne".

3) Le spintarelle esterne

Gli americani furono fortunati ad avere avuto tra loro Edgard Cayce che visse dal 1877 al 1945. Quando era in uno stato di trance ipnotica, egli era capace di fare delle cose incredibili e soprattutto di addestrare le persone nell'arte di sognare. Era anche in grado di ricordare parti di sogni che i consultanti stessi avevano dimenticato. Ciò che era una cosa straordinaria e molto utile. Edgar Cayce non c'è più per aiutarvi! Ad ogni modo, egli viveva negli Stati Uniti. In Francia o in Italia, per quanto ne so, non abbiamo avuto un personaggio come Edgar Cayce. Tuttavia, in Francia nel diciannovesimo secolo viveva un uomo che s'interessava molto ai sogni lucidi. Si chiamava Hervey de Saint Denys.

Aveva tantissime idee sugli esperimenti da fare nei sogni, e menziona anche come era riuscito ad aiutare un suo amico, che diceva di non sognare mai, a ricordare un sogno del primo sonno.

a) Il trucco di Hervey di Saint Denys per provocare il ricordo di un sogno del primo sonno

Hervey di Saint Denys (1822-1892) che scrisse nel 1867 il suo famoso libro "*I sogni e il modo di dirigerli*" era sinologo, professore al College de France e membro dell'Academie des Inscriptions et belles lettres. Aveva dei sogni lucidi fin dall'infanzia. E già dall'età di quattordici anni teneva un diario dei suoi sogni. Fece molte esperienze che egli racconta nel suo libro citato sopra divenuto la bibbia del sogno lucido in Occidente e che vi esorto a leggere. (Apro una piccola parentesi per chi non sa cos'è un sogno lucido: un sogno lucido è un sogno in cui si è consapevoli di sognare e in cui si ha la possibilità di decidere di cambiare il corso del sogno, o di fare ciò che abbiamo deciso, come volare o saltare da una scogliera.) Ecco un estratto del libro di Hervey de Saint Denys per farvi scoprire il trucco che aveva immaginato per aiutare un suo amico a ricordare un sogno. Anche voi potete usare questa tecnica con l'aiuto di qualcuno. tradotto dal libro di Hervey de Saint Denys: "*Les rêves et les moyens de les diriger*", Buenos Books, Parigi

"Un amico intimo, con il quale ho fatto un lungo viaggio e che era interessato alla mia ricerca, sosteneva con molta convinzione che non aveva mai fatto un sogno nel suo primo sonno. L'avevo molte volte svegliato poco tempo dopo che si era addormentato, e mi aveva sempre assicurato in buona fede che non ricordava nessun sogno. Una sera, mentre egli dormiva da circa mezz'ora, mi avvicinai al suo letto, pronunciai a bassa voce alcuni comandi militari: Indossare un'arma! pronto-arma! ecc., e lo svegliai dolcemente.

-Bene, dissi io, questa volta non hai ancora sognato nulla?
-Niente, assolutamente niente, che ne sappia io.

-Cerca bene nella tua testa.

- Sto cercando, e lì trovo solo un periodo di annientamento molto completo.

- Sei sicuro? Ho chiesto allora: Non hai visto un soldato?"

A quella parola soldato, mi interruppe come colpito da un'improvvisa reminiscenza, " È vero! è vero! Mi disse, sì, ora ricordo. Ho sognato che vedevo a una rassegna militare. Ma come hai fatto a indovinare?"

Gli chiese il permesso di mantenere il mio segreto finché non avessi rinnovato l'esperienza. Questa volta mormorai vicino a lui i termini inerenti al carosello e, appena fu sveglio, una conversazione quasi identica si stabilì tra noi. All'inizio egli non aveva in mente nessun sogno, poi ricordò, secondo le mie indicazioni, ciò che avevano provocato le mie parole; e, messo in questo modo di reminiscenze, trovò anche il ricordo di diverse visioni precedenti, di cui il mio intervento aveva disturbato il corso. Poco dopo questo secondo esperimento, ne feci un terzo che ebbe non meno successo. Invece di usare la parola come mezzo per influenzare il sogno del mio compagno di viaggio, usai piccole campanelle, leggermente agitate, il cui suono aveva provocato l'idea che stavamo continuando il nostro viaggio in carrozza che andava per le grande strade."

Se vi dà fastidio o se non potete farvi aiutare da qualcuno per usare il trucco di Hervey di Saint Denys, allora c'è anche la possibilità di usare con discrezione l'effetto delle ondi cerebrali di altri sognatori.

b) Usate l'effetto di traino delle ondi cerebrali di altri sognatori

Un giorno d'estate, mentre stavo scrivendo nella mia camera in un attico a Parigi, la gatta del mio vicino che si chiamava Mistigri venne a farmi una visita. Ciò che faceva molto spesso, perché a lei piaceva molto quando scrivevo e anche l'acqua che veniva a bere a casa mia. D'estate avevo presso l'abitudine di mettere dei recipienti con un po' d'acqua vicino alla finestra per umidificare la stanza dove lavoravo ed è così che casa mia diventò il bar dei gatti del vicinato. Quel giorno, dopo aver bevuto un po' d'acqua, invece di tornare sui tetti di Parigi, Mistigri andò sul mio letto e si addormentò. Ero sveglia e al lavoro, e apprezzavo la sua presenza rilassante mentre lei si riposava in pace lontano dei suoi cuccioli. Dopo dieci minuti, però, i suoi quattro bambini entrarono dalla finestra, bevvero anche loro un po' d'acqua e si misero a dormire accanto alla madre. Quindi mi ritrovai con cinque gatti che dormivano nella stanza. Ciò che ebbe l'effetto di darmi voglia di dormire, era troppo difficile resistere alle loro onde di sonno. Mi sdraiai accanto ai gatti e subito mi addormentai anch'io. Quando mi svegliai, erano tutti scomparsi. Questa esperienza fortuita mi diede l'idea di testare l'effetto delle onde cerebrali altrui sui sogni e sul sonno. Così chiesi ad amici e familiari di dormire nella stessa mia stanza per almeno una notte. Incominciai con una persona alla volta per provare qual era l'effetto della presenza di una determinata persona sui miei sogni, il mio sonno e il mio campo energetico. Poi ebbe l'idea di testare l'effetto di un grande gruppo di persone sul mio sonno, i miei sogni e sul mio livello di energia. Siccome il mio appartamento di Parigi non era abbastanza spazioso per dormire nella stessa stanza con una cinquantina di persone, presi una tessera di ostelli della gioventù e andai a dormire in dormitori affollati, preferibilmente misti. Così potei osservare l'effetto sui sogni e sulla realtà delle onde cerebrali di un gruppo di persone addormentate. Vi passo i dettagli, e vengo a ciò che ci interessa di più: il ricordo dei sogni. Quando dormite in un posto dove ci sono molte altre persone che dormono, beneficiate dell'effetto di traino di gruppo. Ciò che armonizza l'energia del vostro corpo e vi da una spinta per tornare a dormire meglio, per sognare meglio e per ricordare i vostri sogni. (Naturalmente, bisogna essere equipaggiati con tappi per le orecchie e una maschera per gli occhi se siete sensibili al rumore e alla luce.) Se, in questo posto, non riuscite a dormire la prima notte, sarete molto stanchi e dormirete certamente la notte successiva. Quindi prenotate per almeno due notti per godervi l'effetto speciale delle onde cerebrali di un gruppo di dormienti. Non so se ci sono laboratori scientifici in cui si studiano e si misurano gli scambi di energia tra il cervello e il corpo di persone addormentate, ma so per esperienza che i cervelli e i corpi si scambiano informazioni ed energie sia nella realtà sia nel sogno. (Questo fenomeno è stato osservato anche da altre persone che hanno studiato attentamente i loro sogni.) Inoltre non è necessario avere un laboratorio scientifico per mettere alla prova l'effetto del gruppo sul sonno e sui sogni, basta andare a dormire in un grande dormitorio.

La comunicazione energetica intensa che succede tra delle persone addormentate è un vasto campo di ricerca. Potete approfittare di questo fenomeno di comunicazione per aiutarvi a riattivare il ricordo dei vostri sogni e anche per ripristinare i ritmi del corpo e del sonno specialmente in caso di *jet lag*. In questo caso, trarrete beneficio dall'energia del gruppo che vi aiuterà a mettere subito il vostro organismo in sintonia con le energie naturali del posto.

Se non avete voglia di andare a dormire accanto a persone sconosciute, provate quest'alternativa: andate a dormire a casa di vostra madre. Se vostra madre ha un buon ritmo sonno / veglia e se spesso fate viaggi lontani che vi disturbano nei vostri ritmi, invece di prendere la melatonina o qualcos'altro, andate a dormire a casa sua, sarà molto più efficace. Siccome è principalmente il corpo di nostra madre che "ha fatto il nostro", il nostro corpo si allinea molto velocemente con i ritmi sonno/veglia della madre. Se la madre ha l'abitudine di sognare bene e di ricordare i suoi sogni, ciò vi aiuterà anche voi a ricordare i vostri sogni. È molto potente, ma se non potete farlo per un motivo o per un altro, potete provare a farlo con un membro della vostra famiglia. Funziona anche, ma spesso è meno efficiente.

Come potete vedere, tante esperienze interessanti e utili sui sogni e sul sonno possono essere fatte usando solamente la vita quotidiana come laboratorio. Se non volete andare a dormire accanto ad altre persone, potete anche beneficiare del loro aiuto facendo quanto segue, anche se di solito è già molto meno efficace.

c) Usate l'effetto di traino degli oggetti appartenenti a persone che sognano bene

Durante le mie osservazioni sui sogni, ho osservato che l'informazione degli oggetti che postavo accanto al letto entravano nei miei sogni. È così che ebbi l'idea di testare attivamente l'effetto sui miei sogni degli oggetti appartenuti ad altre persone. Per fare ciò ho chiesto ai miei amici di portarmi degli oggetti di persone intorno a loro senza dirmi chi erano queste persone. Ho sperimentato questi oggetti e nel novantanove per cento dei casi, ho sognato la notte informazioni relative ai proprietari di questi oggetti. (Naturalmente, se avessi sognato qualcosa di intimo di cui la gente non avrebbe voluto parlare, non menzionavo questa informazione). Ci sono sensitivi che fanno ciò allo stato di veglia, ciò che si chiama psicometria. Invece io lo faccio facilmente e naturalmente dormendo con un oggetto accanto a me o posto sotto il mio cuscino. Chiunque può farlo poiché il nostro corpo cattura naturalmente l'informazione di tutto ciò che ci circonda e di notte queste informazioni passano alla mente tramite i sogni. Non c'è bisogno di essere un medium. Per il nostro corpo è naturale catturare delle informazioni sul nostro ambiente e fa parte del nostro istinto di autoconservazione, ma molta gente non si accorge di questo fenomeno naturale. Gli oggetti altrui, specialmente quelli che sono stato portati sulla pelle, si sono riempiti dell'atmosfera, dell'energia, dei pensieri, delle informazioni dei loro proprietari e le conservano per un po' di tempo. Se una persona è abituata a sognare e a dormire bene, gli oggetti che usa quotidianamente si riempiono dell'energia che emerge da queste circostanze. Dunque possono aiutare gli altri ad allinearsi con i sogni e con un sonno di qualità. Se potete, chiedete ad alcune persone che sono brave sognatrici di prestarvi qualcosa che metterete sotto il cuscino o sul comodino. Questo stimolerà la vostra capacità di sognare.

L'unico inconveniente di questo metodo è che spesso i sogni che farete riguarderanno la persona che vi ha prestato l'oggetto. Ma l'obiettivo di questa tecnica è riavviare la funzione dei sogni che è stata bloccata in voi. In generale, la cosa più difficile è iniziare a ricordare un primo sogno, dunque non importa ciò che sognerete all'inizio.

Dopo ciò, le vostre abilità oniriche si risveglieranno.

Se si ha un buono stile di vita fisico e psicologico, la capacità di sognare e tutti i suoi benefici possono essere mantenuti per tutta la vita, non è vero che a causa dell'età non si sogna più.

Ho finito qui con le spintarelle esterne.

Se tutte le soluzioni proposte finora non hanno funzionato per voi, significa che ci sono degli ostacoli che dovrete sforzarvi di eliminare prima di poter ricordare i vostri sogni. Questi ostacoli possono provenire di :

- traumi psicologici o fisici,
- sostanze che impediscono al cervello di funzionare in modo normale,
- sostanze che influenzano il vostro equilibrio ormonale,
- un luogo in cui dormite le cui energie non favoriscono il sonno, i sogni, e la vitalità.

Sarà quindi necessario sforzarsi di eliminare o minimizzare questi ostacoli per riuscire a ritrovare il ricordo dei propri sogni.

CAPITOLO 3: Rimozione degli ostacoli psicologici, materiali ed energetici al ricordo dei sogni

1) Gli ostacoli materiali e energetici al ricordo dei sogni provenendo dalla camera da letto e dal letto

Le condizioni materiali in cui dormite possono ostacolare il ricordo dei vostri sogni. Come gli esseri viventi, il nostro bellissimo pianeta Terra non è solo materiale, ha anche una dimensione energetica. La Terra è attraversata da reti energetiche ed essa riceve e scambia anche energie con il suo ambiente e gli altri pianeti del sistema solare. Fin dall'antichità, gli esseri umani sono stati interessati a queste reti energetiche terrestri (ora chiamate le reti di Hartman in Occidente e le vene del drago in Oriente) per costruire le loro case, templi e stabilire le loro città. Esistono varie tecniche per rilevare i nodi della rete Hartmann e i disturbi energetici che possono causare al loro incrocio. Le persone sensibili e gli animali sono in grado di sentire il percorso di queste reti nel loro corpo allo stato di veglia. Nel sonno, tutto noi possiamo anche farlo con molta più facilità.

In passato, le case non venivano costruite senza studiare le proprietà energetiche del luogo dove si progettava di edificare. Gli antichi Romani, per esempio, lasciavano vivere delle oche per un anno sulla terra dove avevano scelto di edificare. Dopo un anno, si osservava il fegato di questi animali, che si diceva avesse la proprietà di riprodurre la mappatura del sottosuolo. Poveri animali, invece di questo sarebbe stato sufficiente per alcune persone addestrate nell'arte di sognare andare a dormire in questi luoghi. Da ciò si vede che già a quest'epoca le conoscenze più antiche possedute dai primi abitanti della Terra erano già in grande andate perdute.

Al giorno d'oggi, è anche peggio perché consideriamo solamente il lato materiale delle cose e costruiamo senza tener conto delle energie dei luoghi e delle reti cosmo-telluriche. Per questo motivo, molte case moderne non favoriscono il buon sonno e/o il ricordo dei sogni. Se non dormite bene e se non sognate bene quando siete a casa, ma che invece sognate regolarmente quando siete in viaggio o dormite bene fuori da casa vostra, i vostri problemi potrebbero provenire dalla vostra solita casa o dal vostro letto.

Se il vostro letto è posto di solito al sopra di un incrocio di energie telluriche, (ciò si chiama un nodo Hartmann), il vostro sonno sarà disturbato, vi sentirete sempre stanchi anche se dormite abbastanza e non sognerete bene. Alcuni incroci di energia, la presenza di determinate cavità e di corsi d'acqua sotto la casa possono essere dannosi per la salute dell'essere umano e ostacolare la sua capacità di sognare. Cambiate la posizione del vostro letto e provate. Finirete per scoprire cosa c'è che non va. Peccato, se la nuova posizione del letto non è estetica o pratica. Avrete almeno cercato una soluzione ai vostri problemi. Potete sempre mettere il vostro letto nella posizione iniziale più estetica durante il giorno quando non lo usate.

Questo tipo di problema relativo alle energie cosmotelluriche può anche essere aggravato dal vostro letto a causa dei materassi a molle in metallo, delle basi metalliche e dei telai metallici che tutti disturbano il campo elettromagnetico del corpo umano. Sono davvero sconsigliati questi tipi di letti. Scegliete piuttosto un letto, un materasso, delle lenzuola e delle coperte in materiali naturali anallergici. Evitate tutto ciò che è metallico nel telaio del letto. La scelta della biancheria da letto è importante. Non lo diciamo mai abbastanza, è ovvio: per dormire bene, si ha bisogno di un buon materasso adattato al vostro tipo di corpo e di un buon cuscinetto che assicurerà che le vertebre cervicali siano in una posizione ottimale affinché il vostro cervello funzioni al meglio e sia bene irrorato durante il sonno. Non è la biancheria da letto più costosa e più alla moda che sempre è migliore. Conoscete voi stessi, osservate i vostri sogni e il vostro sonno e saprete che tipo di letto è meglio per voi. Un letto adattato vi metterà in condizioni ottimali per dormire bene, per recuperare meglio e quindi per ricordare meglio i vostri sogni. Inoltre, assicuratevi che la vostra stanza sia ben ventilata, riceva luce e aria durante il giorno e sia buia di notte. L'oscurità rilassa gli occhi. Postate il vostro letto il più lontano possibile da tutti gli elettrodomestici poiché questi continuano ad emettere radiazioni anche quando sono spenti.

Il letto dovrebbe idealmente essere posizionato il più lontano possibile dalle prese elettriche. Questo è raramente il caso nelle case moderne. Se avete delle prese tutto intorno al vostro letto, sarebbe opportuno spegnerle per la notte direttamente alla fonte, cioè dal contatore elettrico. Dormirete meglio e ricorderete meglio i vostri sogni. Nella vostra stanza evitate di avere di fronte a voi delle superfici riflettenti come finestre e specchi che sono dannosi per un buon riposo e un buon sonno. Se ce ne sono e non vi è possibile rimuoverli, copriteli per la notte. Naturalmente, non è consigliabile dormire con il cellulare acceso e posto sul comodino o peggio sotto il cuscino perché disturberà il vostro cervello. Se dovete lasciare il telefono acceso, allontanatelo al massimo dalla vostra testa. Radio sveglie, televisori, tablet, computer non dovrebbero entrare in una camera da letto. Se non potete evitarlo, spegneteli per la notte, scollegateli e coprite i loro schermi con un panno. La radio sveglia è davvero da vietare se vogliamo ricordare i sogni. Rende il cervello attivo appena ci si sveglia e ci fa dimenticare tutti i sogni. Abbiamo visto che, affinché i sogni possano fluire alla coscienza, il cervello deve rimanere passivo come in uno stato di meditazione e ricettivo a ciò che sta accadendo nel corpo e all'interno di noi.

Oltre alle ostruzioni fisiche associate alla camera da letto, ci sono ostacoli fisici associati all'assunzione di alcune sostanze e di alcuni farmaci allopatici.

2) Ostacoli al ricordo dei sogni dovuti agli eccitanti e farmaci:

È noto che tè, caffè, alcol, tabacco sono sfavorevoli al sonno e al ricordo dei sogni. Quello che spesso non si sa è che i farmaci come gli anticoncezionali che influenzano l'equilibrio ormonale possono anche disturbare il sonno e prevenire un buon ricordo dei sogni. Sta a voi a sperimentare per scoprire quale delle sostanze che usate regolarmente potrebbe impedirvi di sognare. Attenzione, ovviamente, alcuni farmaci non possono essere rimossi di colpo senza rischi e bisogna chiedere l'aiuto di un medico. Per le donne che prendono dei contraccettivi, cercate di smettere di prenderli per un po'. Ricorderete molto meglio i vostri sogni e sarete anche in grado di osservare cosa succede nel sogno quando si verifica l'ovulazione naturale e scoprire quali sono i vostri sogni che vi parlano dell'ovulazione o delle mestruazioni.

I tranquillanti e gli antidepressivi hanno il triste risultato di sopprimere quasi sempre la capacità di ricordare i sogni. Tuttavia, nonostante queste disastrose circostanze, ci sono persone abbastanza resistenti che riescono a sognare di tanto in tanto mentre assumono questi farmaci, a volte da molti anni. Non sono ostile alle medicine allopatiche, possono essere molto utili nelle emergenze o alla fine della vita, per evitare sofferenze inutili. Ma è piuttosto un peccato diventare dipendenti da questi farmaci quando si è giovani e che ci sono molte altre possibilità per evitare l'insonnia, per recuperare un sonno naturale e per evitare o curare le depressioni. Se prendete antidepressivi, sonniferi, farmaci per la pressione del sangue, grandi quantità di alcol, tabacco, caffè o tè, dovrete disintossicarvi per ricominciare a sognare. Tutte queste sostanze tendono a bloccare l'attività onirica. (Naturalmente, anche qui ci possono essere delle eccezioni.)

In Occidente, crediamo che senza farmaci non sia possibile curare o alleviare certe patologie. In passato, quando questi farmaci non esistevano, i medici usavano altri mezzi che avevano il vantaggio di non avere effetti collaterali e di non bloccare l'attività onirica. Non sto dicendo che dovete escludere tutti i farmaci allopatici. Questi possono essere di grande utilità in caso di pericolo per la vita di una persona. Possono essere utili in alcuni casi, a condizione che non sviluppino una dipendenza e che siano utilizzati solamente per brevi periodi. La dipendenza dai farmaci non è auspicabile, anche quando si tratta di problemi di pressione sanguigna. A questo proposito, vorrei sottolineare che ho visto spesso scomparire i problemi di tensione dopo la deflazione della pancia che deriva dalla pulizia intestinale. (Vi invito a leggere la preziosa testimonianza di Laure Goldbright, "*Testimonianza sui benefici dell'igiene intestinale*"). Se siete dipendenti da certi farmaci e avete meno di novant'anni, non è mai troppo tardi per cambiare questa situazione e riacquistare la libertà di vivere normalmente e soprattutto di sognare, ma non fate questo passo alla leggera e da soli. Bisogna consultare professionisti che vi aiuteranno a disintossicarvi senza rischi per la vostra vita. So che negli Stati Uniti, da molto tempo ormai, ci sono associazioni di medici che aiutano i pazienti a uscire dalla dipendenza ai farmaci allopatici.

Alcuni anni fa, avevo cercato invano in Francia questo tipo di struttura per una persona venuta a consultarmi. Lei aveva circa 40 anni e assumeva antidepressivi da 20 anni, cioè sin dalla morte di sua madre. Questa persona aveva cercato anche personalmente, ma non aveva trovato nulla in

Francia. Più tardi, mi parlò delle cliniche di digiuno della Russia di cui aveva sentito parlare in televisione, nelle quali, grazie al digiuno sotto controllo medico, è possibile liberarsi dai farmaci. Ci sono anche centri di digiuno in altri paesi, tra cui la Germania. Bisogna essere molto motivati per andare in una clinica a digiunare per un tempo molto lungo. Ma quando si diventa consapevoli di tutto ciò che i sogni possono portare nella vita, ci si rende conto che il peggio che possa capitare a un essere umano è di vivere senza sogni e senza essere consapevole della propria vita interiore. In questo caso, non diventa né più né meno che una specie di robot, prigioniero del proprio corpo fisico e sballottato dalle circostanze del proprio ambiente.

Fortunatamente, nel 99% dei casi e qualsiasi sia la sua situazione iniziale, una persona motivata sarà sempre in grado di ritrovare tutte o parte delle sue capacità di sognare e di svilupparle. Questo gli permetterà di vivere la sua vera vita e di ritrovare la sua vera personalità e la sua libertà. Non ho mai provato ad andare in una clinica di digiuno, ma potete immaginare che ho fatto ogni sorta di esperimenti per osservare nella solitudine l'effetto del digiuno sui sogni e sul sonno. Durante questi esperimenti ho capito perché così tante religioni prescrivevano il digiuno e perché negli antichi templi di Esculapio i pellegrini dovevano digiunare. Il digiuno ha un effetto molto potente sui sogni, quando digiuniamo dormiamo molto meglio e i sogni sono molto più chiari e luminosi. Li ricordiamo molto più facilmente. Se ne avete voglia, provatelo, vale la pena. Prendete un libro sul digiuno e provate da soli l'avventura o partecipate a uno dei tanti gruppi di digiuno che esistono dappertutto e che possono accompagnarvi insegnandovi a digiunare per qualche giorno in sicurezza.

3) Ostacoli psicologici al ricordo dei sogni

a) Traumi emotivi

Alcuni traumi accaduti durante l'infanzia, ad esempio la paura dei mostri, un film troppo violento, argomenti dei genitori, possono aver causato una disconnessione tra il conscio e il subconscio di una persona e aver installato nella sua psiche la paura di sognare. Gli adulti che hanno vissuto questo tipo di trauma durante l'infanzia di solito non ricordano alcun sogno nemmeno quando dormono abbastanza e nelle migliori condizioni possibili. Il trauma può verificarsi anche nell'età adulta e portare allo stesso risultato. In questi casi, dovete prima cercare di guarire il trauma che vi impedisce di sognare e che blocca anche parte della vostra energia. Per aiutarvi a guarire questi traumi, potete fare alcune sessioni di agopuntura centrate sulle aree del vostro corpo che vi stanno causando problemi. Queste a volte guariscono il trauma poiché il corpo lo aveva somatizzato. Potete anche usare il *Rescue Remedy*. È un rimedio omeopatico disponibile nei negozi biologici e anche in alcune farmacie. Ingerire alcune gocce di questo prodotto in un po' d'acqua porterà in superficie delle emozioni profondamente sepolte in voi e vi aiuterà a guarire il vostro trauma. Per un trauma più importante che ha resistito ai precedenti rimedi, avrete bisogno dell'aiuto di professionisti qualificati. Si osserva anche nel lavoro sui sogni che ci sono traumi transgenerazionali, vale a dire, traumi che possono passare da una generazione all'altra. Ad esempio, una psicologa racconta la storia di una bambina disturbata che disegnava delle maschere antigas, ciò che non aveva mai visto prima. Dopo alcune ricerche, si è saputo che suo nonno era morto durante la guerra nelle trincee dove aveva indossato proprio il tipo di maschera che la bambina aveva disegnato. Esiste tutta una corrente di psicologia transgenerazionale che aiuta i pazienti a liberarsi dai ricordi familiari che li disturbano e che creano degli incubi ricorrenti o bloccano il ricordo dei sogni. Se vi interessa l'argomento, vi consiglio di leggere il libro di Anne Ancelin Schützenberger che cita molti esempi interessanti di questi tipi di traumi: *"La sindrome degli antenati"*

b) Altri blocchi al ricordo dei sogni dovuti al nostro comportamento nella vita

Le persone che mentono, che sono negative, parassiti, irrispettose di loro stesse, degli altri, del loro ambiente e del loro corpo, di solito non mostrano un grande interesse per i sogni. Di solito, i loro sogni non sono per niente piacevoli e preferiscono non ricordarli. Per fare sogni piacevoli e luminosi, bisogna mettersi nelle giuste condizioni psicologiche. Nell'antico Egitto, ad esempio, era noto che mentire interrompeva la circolazione dell'energia nel corpo e anche nella società umana. Gli antichi Egizi dissero che mentire era l'abominio degli dei. Allo stesso tempo, non giudicavano i bugiardi e non cercavano di fargli sentire colpevoli o di fargli espiare i loro peccati. Non avevano la nostra mentalità giudeo-cristiana. Erano pragmatici e per loro la nozione di peccato e il senso di colpa ad esso associato non sembravano di alcuna utilità. Pensavano invece che bastava rendersi conto quanto questi atteggiamenti fossero sfavorevoli alla vita per abbandonarli. Gli antichi Egizi ritenevano che fosse sempre possibile cambiare un atteggiamento sbagliato, migliorare se stessi e conformarsi alle leggi della vita. È interessante scoprire che il Dr. William H. Bates, l'oftalmologo americano di cui ho già parlato prima, aveva osservato che la vista degli esseri umani cala automaticamente quando loro mentono, fenomeno che viene immediatamente notato osservando gli occhi con un retinoscopio. Cito: *"Ancora più rivelatore, una persona può avere una buona vista quando dice la verità; ma, se afferma una cosa sbagliata, anche senza l'intento di ingannare, o anche se immagina una cosa sbagliata, allora si verifica un malfunzionamento degli occhi o un errore di rifrazione. L'esperienza dimostra che l'uomo è fatto in modo tale che gli è impossibile dire o immaginare qualcosa di sbagliato senza un particolare sforzo involontario, che è una tensione"*. (Dr. William H. Bates, "Una vista perfetta senza occhiali, senza trattamento o intervento")

CONCLUSIONE

Siamo arrivati alla fine di questo libro che vi ha presentato un'abbondanza di soluzioni per ricordare di nuovo i vostri sogni. Spero che grazie a queste informazioni, molti di voi saranno in grado di iniziare a sognare normalmente e di godere di una "vita da sogno"!

In assenza di trauma significativo, se avete provato senza successo tutte le soluzioni proposte in questo libro, tutto ciò che vi rimane da fare è strapparvi i capelli o saltare dalla finestra senza paracadute! Ma no, è uno scherzo, venite a consultarmi. (Ma prima provate da voi tutto ciò che potete per recuperare le vostre abilità). In questo caso, sarò felice di scoprire aiutandomi con i miei sogni, come sarebbe possibile sbloccare il vostro potere di sognare. Trarrete beneficio dall'impulso della mia energia di sognatrice che è ben al di sopra della media. Succede spesso che dopo aver partecipato a una delle mie conferenze, le persone si rimettano spontaneamente a ricordare i sogni, cosa che non avevano fatto da molto molto tempo. Sono davvero felice per loro quando me lo fanno sapere.

Allo stesso modo, la lettura attenta di questo libro è spesso sufficiente per sbloccare le capacità di sognare dei lettori.

Auguroni!

Anna Mancini
www.amancini.com

Altri libri in italiano di Anna Mancini

pubblicati da Buenos Books International, Parigi, tutti disponibili su Amazon.it.

Il Significato dei Sogni

I Sogni Possono Salvarvi la Vita

La Chiaroveggenza nei sogni

Trucchi per ricordare i sogni

Trucchi per dormire meglio e ritrovare un sonno da sogno

Maat la dea della Giustizia dell'antico Egitto

Biografia e presentazione del sito Internet di Anna Mancini

Il mio sito internet è dedicato a tutti coloro che vogliono comprendere il vero significato dei loro sogni e che vogliono imparare a sfruttare i poteri del loro subconscio per migliorare tutti gli aspetti della loro vita reale e sviluppare determinate abilità psichiche.

Questo sito non è per chi immagina di poter capire i propri sogni consultando di tanto in tanto un dizionario dei sogni. Inoltre, non è rivolto a persone che sono rinchiuse in convinzioni religiose o scientifiche che non gli consentono di osservare i sogni nel modo più oggettivo possibile e di fare sperimenti nella vita reale per osservarne l'effetto sui sogni.

Sono fortunata di poter ricordare facilmente i miei sogni da sempre e di aver vissuto spontaneamente esperienze speciali nei sogni.

Tuttavia, per molto tempo, non li ho presi sul serio, a causa della mia educazione cartesiana acquisita nelle scuole francesi. Fino al momento in cui le circostanze della mia vita e un sogno molto speciale mi hanno spinta a dedicarmi allo studio del fenomeno onirico e ai suoi legami con la vita reale.

Volevo sapere come funziona l'essere umano che sogna.

Avevo allora circa trent'anni, lavoravo come avvocato specializzato in brevetti nell'azienda CMR International a Parigi e avevo finito di scrivere una tesi sul diritto delle invenzioni. Ho lasciato tutto e ho iniziato a studiare i sogni nella solitudine.

Ora, ho un'esperienza di più di vent'anni basata su osservazioni neutre, cioè senza pregiudizi religiosi o scientifici, senza superstizioni, senza approccio New Age e quindi piuttosto fuori dai sentieri battuti. Questa esperienza mi consente di aiutare la gente e soprattutto di insegnare, a tutti coloro che vogliono svilupparsi, delle tecniche semplici, facili da implementare e sicure per sfruttare al meglio il potere del loro inconscio, per migliorare la loro vita reale e per crescere.

All'inizio della mia ricerca, ho semplicemente osservato i collegamenti tra i miei sogni e la mia realtà e ho fatto esperimenti per osservare il loro impatto sul contenuto dei miei sogni e viceversa. Poi nel 1995 ho creato l'associazione *Innovative You* a Parigi, un'associazione di ricerca in cui ho condiviso con altri ciò che avevo imparato ed esplorato.

Tutte queste ricerche hanno dato risultati molto diversi da quelli che possono essere ottenuti attraverso un approccio psicoanalitico o attraverso una visione New Age, religiosa o totalmente scientifica dei sogni. Lì, non possiamo nemmeno parlare di conoscenza "scientifica", perché per adesso, la scienza non ha mezzi tecnici per esplorare questo mondo. È obbligata a limitarsi all'essere umano materiale, vale a dire solo al corpo umano e allo studio del sonno e dei suoi cicli.

Tuttavia, quando studiamo il sogno come ho fatto io, ci troviamo rapidamente di fronte alla scoperta di ciò che ho chiamato il nostro "doppio"; cioè la nostra energia, la nostra dimensione immateriale, il vero essere umano che vive all'interno del nostro corpo materiale e la cui capacità di esprimersi è in gran parte bloccata dalla formattazione razionale del nostro cervello. Ma questo è un argomento molto ampio di cui parlo in un video sul doppio che pubblicherò prossimamente su *You Tube*. (Iscriviti alla mailing list per essere informato sulla sua pubblicazione).

Per comprendere i sogni non ci si può accontentare di studiarne solo la storia. Bisogna osservare molto di più. Dobbiamo prendere in considerazione la totalità dell'essere umano che sogna, l'ambiente in cui ha vissuto la sua giornata e dove ha dormito, le sue interazioni con altre persone durante il giorno, il suo stile di vita ecc....

Per quanto ne sappia, nessun ha condotto una ricerca tanto completa quanto la mia, altrettanto efficace e utile per tutti i tipi di persone e in tutti i settori, compresa la ricerca scientifica. Questa ricerca aiuta a spiegare molte cose su come funzionano gli esseri umani e come comunicano quando dormono. Rende anche possibile capire molto di più sulle antiche civiltà come l'Egitto o l'antica Roma.

Tutto ciò che insegno, anche quello che a prima vista può sembrare straordinario, paranormale o incredibile, può essere controllato personalmente da tutti. Non c'è bisogno di credermi o di credere a qualcosa, basta solo sperimentare e osservare in un certo modo. Tutti possono controllare tutto ciò che dico, perché nei miei libri do tutte le chiavi per farlo e potersi sviluppare in modo indipendente. Imparando ad osservare i legami tra i tuoi sogni e la tua realtà e grazie alle mie tecniche, sarai in grado di sfruttare al massimo il tempo che trascorri a dormire. Questo non sarà affatto tempo perso, al contrario. Come spiego nei miei libri, e nelle mie conferenze sarai in grado di fare molte cose con i tuoi sogni una volta che avrai ricostruito il collegamento tra i tuoi sogni e la tua realtà. Ad esempio, è possibile utilizzare le tecniche che insegno

- per essere informato dei pericoli di tutti i tipi (umani: assalti in preparazione, attentati terroristi, o naturali: terremoti, alluvioni, valanghe ecc.);
- per trovare oggetti smarriti;
- per gestire al meglio la tua salute fisica, psicologica ed energetica, ed evitare la depressione e le dipendenze ;
- per ottenere idee creative, per inventare;
- per avere successo negli studi e per imparare più velocemente le lingue straniere;
- per placare i conflitti;
- per vivere meglio la tua vita sentimentale e sessuale;
- per sviluppare naturalmente le capacità psichiche generalmente considerate; paranormale: la chiaroveggenza, la telepatia, la comunicazione con i bambini non ancora nati;
- per sognare prima di andare in viaggio i luoghi che visiterai e le persone che incontrerai;
- per risolvere i tuoi problemi qualunque essi siano;
- per sapere prima di prendere l'aereo se arriverai sano alla tua destinazione;
- per trovare ispirazione;
- Per evolverti spiritualmente, libero di qualsiasi

dogma;
- Per sviluppare un certo tipo di lucidità onirica superiore alla lucidità attualmente in voga;
- per comunicare con i tuoi animali domestici e persino con le tue piante.

L'elenco di ciò che possiamo fare è infinito perché quando dormiamo le nostre capacità sono infinite, mentre nello stato di veglia abbiamo solo delle capacità molto limitate, quelle della nostra mente cosciente. Comprendere il significato dei tuoi sogni è la chiave che ti aprirà le porte agli infiniti poteri del tuo subconscio, perché non solo capirai cosa ti stanno dicendo i sogni, ma parlerai anche la loro lingua. Conoscere la tua propria lingua onirica è un modo straordinariamente efficace per comunicare con il tuo subconscio e con il tuo superconscio.

Per questo, i dizionari dei sogni non saranno di alcuna utilità. Bisogna fare un piccolo lavoro personale di osservazione e alcuni esperimenti. Nel mio libro : "*Il significato dei sogni*", spiego come farlo efficacemente. Naturalmente, partecipare a una formazione è ancora più efficace della lettura di un libro ed è per questo che organizzo regolarmente delle formazioni. (Per essere informato, puoi iscriverti alla mia mailing list). Mi piace condividere ciò che ho imparato sui sogni ed è una grande gioia per me vedere che i miei studenti hanno aperto la porta dei loro sogni e hanno acquisito la loro autonomia per comprenderne il significato preciso, ciò che gli consente di comunicare in modo efficace con il loro subconscio e di vivere molto meglio tutti gli aspetti della loro vita reale. Per me questo è molto più importante che interpretare i sogni di persone che diventano dipendenti dalle mie capacità. Ero solita fare programmi radiofonici in Francia per interpretare i sogni degli ascoltatori, ma per il momento ho deciso di interrompere questa attività, e di dedicare il mio tempo a coloro che vogliono fare un lavoro sui sogni per crescere e diventare autonomi. Ora interpreto i sogni degli altri, ma solo in casi gravi e speciali, quando c'è un'urgenza o per aiutare i bambini. Ci vuole un tempo variabile di allenamento con le mie tecniche per potere capire efficacemente i sogni. Il tempo necessario varia in base al punto di partenza dello studente. Tutti possono imparare l'arte di sognare, anche le persone che pensano di non sognare e anche quelli che hanno problemi a dormire. Basta iniziare dal proprio livello. Chiunque pensa di non poter sognare o che ricorda i propri sogni solo quando sono incubi, può trarre grandi benefici dalla lettura del libro che ho scritto per loro: "*Trucchi per ricordare i sogni.*"

Tutti quelli che hanno problemi di insonnia e hanno

già provato tutto ciò che generalmente si consiglia e che non vogliono cadere nella dipendenza alle medicine, possono leggere con profitto il libro che ho scritto per loro: *"Trucchi per dormire meglio e ritrovare un sonno da sogno"*. Questo libro apre altri orizzonti di comprensione e di sollievo dai problemi di insonnia. Consiglio anche a loro di leggere il libro di Laure Goldbright: *"Testimonianza sui benefici dell'igiene intestinale"* Poiché lo stato dell'apparato digerente influenza notevolmente la qualità del nostro sonno ed è la causa di molti disturbi del sonno.

Chi già sogna bene e di solito ricorda bene i propri sogni ma non ne capisce il significato leggerà prima con profitto il libro: *"Il significato dei sogni"*.

Altri libri più specializzati sulle tecniche oniriche sono rivolti in particolare:

-agli inventori, ricercatori e scienziati: *"Comment naissent les inventions"* (Come nascono le invenzioni) e *"Créativité scientifique"* (Sogni e creatività scientifica); (traduzione in corso)

-agli archeologi e agli storici:" *Comment percer les secrets, les énigmes et les mystères de l'anciene Egypte et d'autres anciennens civilisations"* (come scoprire i segreti, gli enigmi e i misteri dell'antico

Egitto e di altre antiche civiltà.) (traduzione in corso)

Per le persone che desiderano sviluppare i loro talenti "paranormali" per conoscere il loro futuro, ho scritto: "*La Chiaroveggenza nei sogni.*"

È in preparazione un libro sui sogni e sulla salute. Nel frattempo, se hai problemi di salute, il libro "*Il significato dei sogni*" che tratta anche questo argomento potrebbe aiutarti.

Inoltre, a causa dell'accelerazione del numero di disastri naturali e dell'aumento del terrorismo, sono propensa a diffondere l'idea che sia possibile, grazie ai sogni, di essere avvertiti di questi pericoli e di salvare la nostra vita e quella dei nostri cari. Perciò, ho scritto: "*I sogni possono salvarvi la vita*". Consiglio a tutti coloro che possono creare, nella loro città, il loro villaggio, il loro quartiere, la loro comunità o la loro azienda un gruppo di veglia onirica. Troverete tutte le spiegazioni nel libro per fare funzionare efficacemente questo gruppo.

Informazioni pratiche

Dove trovare i miei libri stampati: Tutti i miei libri stampati sono stati pubblicati dalla casa editrice parigina Buenos Books International (www.buenosbooks.fr) e sono tutti disponibili su Amazon.

Dove trovare i miei eBook: puoi anche trovare le versioni elettroniche dei miei libri su iBookstore di Apple, Amazon Kindle e Google Play.

Come fissare un appuntamento per una consulenza individuale? Per fare questo, basta utilizzare il modulo di contatto in modo che possiamo fissare un appuntamento a Parigi o online tramite Skype.

Come essere informato sui prossimi seminari ed eventi e sulla pubblicazione di nuovi libri e video? Per ricevere queste informazioni ed essere informato delle promozioni sui miei e-book, iscriviti alla mailing list con il modulo del sito. Il tuo indirizzo sarà usato solo per questo scopo e non sarai mai bombardato da messaggi!

Indice

www.ingramcontent.com/pod-product-compliance
Lightning Source LLC
Chambersburg PA
CBHW051817040426
42446CB00007B/711